JEFFREY MASON

Diário da família

Vó, QUERO OUVIR sobre sua vida

UM DIÁRIO PARA AVÓS COMPARTILHAREM SUA HISTÓRIA COM AMOR

TRADUÇÃO
LÍGIA AZEVEDO

FONTANAR

“OS PEQUENOS MOMENTOS DE HOJE SE TORNAM AS LEMBRANÇAS QUERIDAS DE AMANHÃ.”

– RUDYARD KIPLING

ESTE LIVRO CONTA A HISTÓRIA DE

"Vovós e rosas se parecem muito. São a obra-prima de Deus, cada uma com um nome diferente."

— AUTORIA DESCONHECIDA

Sumário

Introdução

AS AVÓS SEMPRE FORAM as guardiãs da história e das tradições familiares.

Elas são as contadoras de histórias, e sua voz ecoa com gentileza as narrativas do passado, permitindo que acessemos um mundo que não chegamos a conhecer, mas ao qual nos sentimos profundamente ligados.

São as arquitetas silenciosas dos rituais familiares, seja por meio dos almoços aos domingos, das reuniões nas datas comemorativas ou do simples ato de contar uma história antes de dormir.

Em seus olhos repletos de sabedoria, vemos os reflexos do nosso passado e os vislumbres do nosso futuro. São elas que nos transmitem as lições da vida, ensinando-nos sobre resiliência, compaixão e o que realmente significa amor incondicional.

Vó, quero ouvir sobre sua vida é um tributo sincero a essas mulheres notáveis, e lhes oferece um espaço em que possam contar sobre sua jornada e revelar as muitas camadas que as constituem.

Imagine-se viajando com sua avó, caminhando lado a lado com uma versão mais nova dela — uma menina cheia de sonhos mirando um céu de possibilidades, ou uma adolescente espirituosa atravessando a ponte agridoce que leva da inocência à compreensão. Cada uma das histórias dela revelará os muitos momentos e experiências que, juntos, criaram a mulher resiliente que você ama e honra.

Este livro é para todas as avós que riram e choraram com a gente e nos amaram incondicionalmente. Agradecemos por serem a matriarca da nossa família, por manterem as tradições vivas e por nos mostrarem a força e a beleza dos laços familiares.

"A AVÓ É O BAÚ ONDE SE GUARDAM OS SEGREDOS, AS HISTÓRIAS E A SABEDORIA DE GERAÇÕES."

— AUTORIA DESCONHECIDA

Nascimento

Quando você nasceu?

DIA	MÊS	ANO

Que horas você nasceu?

_____ h _____

Qual era seu nome de batismo?

Seu nome foi dado em homenagem a um parente ou a alguém importante?

Se pudesse ter escolhido seu próprio nome, qual teria sido?

Em que cidade você nasceu?

Você nasceu em um hospital? Se não foi o caso, onde?

Qual era sua altura e seu peso ao nascer?

Quantos anos seus pais tinham quando você nasceu?

Seus pais já tinham outros filhos? Se sim, com quantos anos seus irmãos estavam quando você nasceu?

Quais foram suas primeiras palavras?

Com quanto tempo você começou a andar?

O que você sabe sobre o dia em que nasceu?

Como seus pais te descreviam quando bebê?

Quem cuidou de você durante a maior parte do tempo na infância?

Você tem fotos suas ainda bebê usando roupinhas que hoje você acha engraçadas? Descreva algumas.

Tinha alguma história, contada ou lida, de que você gostava muito quando era pequena?

Cantavam uma música de ninar ou qualquer outra canção para você dormir? Se souber a letra, inclua aqui.

"Tudo o que sou, você me ajudou a ser."

— RUDYARD KIPLING

Procure na internet as informações a seguir sobre o ano em que você nasceu:

Quais foram os eventos mais importantes do ano?

Quais foram os principais filmes lançados?

Quem ganhou o Oscar de Melhor Filme?

Quem ganhou o Oscar de Melhor Atriz e de Melhor Ator?

Liste algumas músicas que faziam sucesso.

Qual era o programa de TV mais popular?

Quanto custava cada uma dessas coisas?

Um pão francês:

Um litro de leite:

Uma xícara de café:

Uma dúzia de ovos:

Um selo:

Um litro de gasolina:

Um ingresso de cinema:

Uma casa, em média:

“NÃO TÍNHAMOS PERCEBIDO QUE ESTÁVAMOS CRIANDO MEMÓRIAS. SÓ SABÍAMOS QUE ESTÁVAMOS NOS DIVERTINDO.”

– A.A. MILNE

Infância

Descreva sua infância em três palavras, expressões ou frases.

Como você era quando criança?

Você tinha um apelido? Se sim, como ele surgiu?

Que esportes você praticava ou que atividades realizava quando criança?

Você fazia aula de música, dança, arte ou algo do tipo? Se sim, gostava de fazer?

Quais tarefas da casa eram responsabilidade sua?

Você recebia mesada? Se sim, qual era o valor?

Quando tinha dinheiro, com que costumava gastar?

O que você queria ser quando crescesse?

Quem eram seus melhores amigos na escola? Vocês mantêm contato hoje em dia?

Tente se lembrar de alguns filmes de que você gostava na infância.

E músicas.

E programas de TV.

Quais eram seus brinquedos preferidos?

Quais livros foram importantes para você na infância?

De que jogos você sempre brincava?

Alguma professora ou algum professor da escola foi uma grande influência para você?

O que ela ou ele te ensinou e qual foi o impacto disso para você?

Você tinha um bicho de estimação? Se sim, que animal era e como se chamava?

Cite uma lembrança querida de um animal de estimação da sua infância.

Que lembrança de infância te enche de saudade ou alegria sempre que lhe vem à mente?

Se você pudesse voltar a ser criança por um única dia, como o passaria?

"Avós são mães com cobertura extra."

— AUTORIA DESCONHECIDA

"AVÓ: UMA MÃE MARAVILHOSA E COM BASTANTE EXPERIÊNCIA."

– AUTORIA DESCONHECIDA

Adolescência

Descreva sua adolescência em três palavras, expressões ou frases.

Como você era na adolescência?

Como você se vestia e como usava o cabelo nessa época?

Quem eram seus amigos mais próximos? Qual foi a última vez que você falou com eles?

O que seus pais achavam dos seus amigos?

Havia alguma atividade que você e seus amigos sempre se reuniam para fazer?

Como era uma noite típica do seu fim de semana na adolescência?

Havia um lugar específico aonde você e seus amigos costumavam ir depois da aula ou nos fins de semana?

Que horas você tinha que estar de volta em casa?

Alguma vez você chegou mais tarde que o combinado?

Como seus pais reagiram?

Você namorou alguém durante a adolescência?

Caso tenha namorado, o que vocês costumavam fazer?

Você ia a bailinhos ou a matinês?

Se ia, descreva como eram.

Que esportes você praticava ou que atividades realizava?

Do que você mais gostava na escola nessa época?

Em que ano você se formou no ginásio?

Você era uma boa aluna? Em que matérias ia bem?

Quais eram suas matérias preferidas?

E quais matérias de que você menos gostava?

Houve alguma cerimônia tradicional na sua pré-adolescência ou adolescência (como crisma, bat mitzvah, festa de quinze anos etc.)?

Alguma vez você cabulou aula?

Se cabulou, conseguiu não ser pega? E o que fez no período em que deveria estar na aula?

Você teve que trabalhar durante essa fase?

Se trabalhou, lembra quanto recebia?

Há algo na sua adolescência que você gostaria de ter tido a chance de mudar?

"Quando uma criança nasce, suas avós nascem também."

— JUDITH LEVY

Cite alguns dos seus filmes preferidos na época.

E programas de TV preferidos.

E livros preferidos.

Que tipo de música você gostava de ouvir?

Cite alguns dos cantores e bandas preferidos da sua adolescência.

Cite algumas das suas músicas preferidas daqueles anos.

Se você pudesse dar um nome para descrever seu quarto, qual seria?

De que cor eram as paredes?

Como era a roupa de cama?

Havia alguma coisa colada/pendurada nas paredes? O quê?

Descreva seu quarto mencionando alguns detalhes extras e a sensação que ele transmitia a você.

Ao olhar para trás para essa época, quais momentos e experiências foram os mais transformadores para você?

Que conselhos você daria ao seu eu adolescente?

O que seu eu adolescente poderia ensinar ao seu eu atual?

"UMA AVÓ É UM POUCO MÃE, UM POUCO PROFESSORA E UM POUCO MELHOR AMIGA."

– AUTORIA DESCONHECIDA

A vida adulta

Qual caminho você escolheu trilhar depois da escola? Decidiu começar uma família? Começou a trabalhar, foi para a faculdade, fez algum curso técnico ou alguma outra coisa?

O que a motivou a tomar essa decisão?

Em retrospectiva, como você se sente em relação à sua decisão?

Como esse período impactou quem você é hoje?

Se você pudesse voltar no tempo, o que mudaria dessa fase da sua vida?

Se você fez faculdade ou curso técnico, o que estudou?

Descreva como você era aos vinte e poucos anos.

Quais eram seus principais objetivos e prioridades?

Quais conselhos você daria ao seu eu dessa época?

Quando você para pra refletir sobre quem você era com vinte e poucos anos e compara com quem é hoje, quais aspectos da sua identidade ou personalidade se mantiveram? E quais mudaram?

Ainda pensando nesse período, que escolhas ou ações se destacam como as que tiveram maior impacto no desenrolar da sua vida?

“Se soubesse como ter netos seria maravilhoso, eu os teria tido primeiro.”

— LOIS WYSE

Qual foi seu primeiro trabalho importante depois da escola ou da faculdade? Quantos anos você tinha? Quanto ganhava?

Havia uma profissão que sua família queria que você seguisse? Qual?

Quando as pessoas perguntam com o que você trabalha ou trabalhava, o que você costuma dizer?

Como você entrou nessa profissão?

Faça uma pequena lista de conquistas relacionadas a trabalho e profissão de que você mais se orgulha.

Você tirou carteira de motorista? Com quantos anos? Você passou de primeira no exame? Se não, quantas vezes precisou fazê-lo?

Quem te ensinou a dirigir?

Qual era a marca e o modelo do primeiro carro que você dirigiu?

Quantos anos você tinha quando se mudou da casa dos seus pais?

Qual foi a primeira casa ou apartamento em que você morou pagando o próprio aluguel ou financiamento? Você se lembra do endereço?

Você morava sozinha ou com alguém?

Quanto você pagava de aluguel ou financiamento?

Quanto tempo você morou lá?

Do que você mais gostava nesse lugar?

Descreva o lugar. Quantos quartos e banheiros havia? O que mais você lembra?

Cite uma lembrança querida da época em que morava lá.

"A VOVÓ SEMPRE TE PASSAVA A SENSAÇÃO DE QUE HAVIA ESPERADO O DIA TODO PARA TE VER, E SÓ ENTÃO O DIA ESTAVA COMPLETO."

– MARCY DEMAREE

Sua família

Pense na sua infância e adolescência. Descreva sua família em três palavras, expressões ou frases.

Em média, quantas noites por semana sua família se reunia para jantar?

Quando vocês comiam juntos, como costumava ser?

Sobre o que vocês conversavam?

Quem geralmente cozinhava?

E quem limpava e arrumava a cozinha?

Quando você era criança, quais eram suas comidas favoritas?

E para quais pratos você fazia careta para comer?

O que acontecia se você não comia alguma coisa?

Durante sua infância e adolescência, qual era o feriado mais importante para a sua família?

Quais são as melhores lembranças de sua família comemorando esse feriado?

Como vocês comemoravam aniversários, datas especiais e conquistas individuais?

Você e sua família costumavam passar um tempo juntos, conversando, assistindo à TV, preparando as refeições? Se sim, descreva como era.

Vocês tinham parentes que moravam perto e eram importantes no dia a dia da sua família?

Que papel eles tiveram na sua criação?

Que valores, crenças e regras foram enfatizados durante sua infância e adolescência?

Quais eram as expectativas e exigências da sua família em assuntos como notas escolares, tarefas domésticas e participação em atividades extras ou esportivas?

De que maneiras o ambiente familiar que você criou para seus próprios filhos pode ser comparado àquele em que você foi criada?

Houve alguma coisa que, de forma consciente, você procurou fazer diferente da sua família?

O tempo pode alterar nossa perspectiva. Como seu entendimento sobre sua criação e sua entrada na vida adulta mudaram com o passar dos anos?

“É como avós que nossas mães alcançam a plenitude da sua graça.”

— CHRISTOPHER MORLEY

Cite uma lembrança querida de um momento que você passou com sua família na infância.

Cite uma lembrança querida de um momento que você passou com sua família na vida adulta.

Árvore genealógica

MEU BISAVÔ

(pai do meu avô)

MINHA BISAVÓ

(mãe do meu avô)

MEU BISAVÔ

(pai da minha avó)

MINHA BISAVÓ

(mãe da minha avó)

MEU AVÔ

(pai do meu pai)

MINHA AVÓ

(mãe do meu pai)

MEU PAI

EU

MEU BISAVÔ

(pai do meu avô)

MINHA BISAVÓ

(mãe do meu avô)

MEU BISAVÔ

(pai da minha avó)

MINHA BISAVÓ

(mãe da minha avó)

MEU AVÔ

(pai da minha mãe)

MINHA AVÓ

(mãe da minha mãe)

MINHA MÃE

“A FAMÍLIA É O LAÇO QUE NOS LEMBRA DO ONTEM, FORNECE ENERGIA E APOIO HOJE, E É FONTE DE ESPERANÇA NO AMANHÃ.”

– BILL OWEN

Pais e avós

Qual o nome completo da sua mãe?

Onde ela nasceu?

Onde ela cresceu?

Qual o nome completo do seu pai?

Onde ele nasceu?

Onde ele cresceu?

Descreva sua mãe em três palavras, expressões ou frases.

Em que você mais se parece com ela?

Que qualidades e valores você mais admira nela?

Descreva seu pai em três palavras, expressões ou frases.

Em que você mais se parece com ele?

Que qualidades e valores você mais admira nele?

Sua mãe mudou o nome de batismo dela? Se sim, qual era e como ficou?

De onde é a família da sua mãe?

Qual era o nome de batismo da sua avó paterna?

De onde é a família do seu pai?

Como seus pais se conheceram? Quantos anos eles tinham?

Você sabe alguma história sobre o dia do casamento deles? Inclua onde e quando foi a cerimônia, quantos anos os dois tinham na época e quaisquer detalhes de que você saiba.

Cite alguns dos passatempos, interesses, talentos e habilidades dos seus pais.

Eles frequentaram a escola? Até que ano?

Qual era a profissão dos seus pais?

Pais costumam repetir ditados, provérbios e palavras de sabedoria ao aconselhar os filhos. Cite alguns que você ouvia com frequência.

Cite uma lembrança querida da sua mãe.

Cite uma lembrança querida do seu pai.

Como seus avós maternos se chamavam?

Como você os chamava?

Sua avó materna mudou o nome de batismo dela? Se sim, para qual?

Onde seus avós maternos nasceram e cresceram?

Eles frequentaram a escola? Até que ano?

Qual era a profissão deles?

“O coração de uma avó é uma colcha de retalhos de amor.”

— AUTORIA DESCONHECIDA

Cite uma lembrança querida dos seus avós maternos.

Descreva como eles eram.

Como seus avós paternos se chamavam?

Como você os chamava?

Sua avó paterna mudou o nome de batismo dela? Se sim, para qual?

Onde nasceram e onde cresceram seus avós paternos?

Eles frequentaram a escola? Até que ano?

Qual era a profissão deles?

Descreva como eles eram.

Cite uma lembrança querida dos seus avós paternos.

Você chegou a conhecer seus bisavós? Se sim, como eles eram?

Que outras pessoas tiveram um papel importante na sua criação? Como cada uma delas contribuiu com quem você viria a se tornar?

"AVÓS SEGURAM NOSSAS MÃOZINHAS POR POUCO TEMPO, MAS NOSSO CORAÇÃO PERTENCE ETERNAMENTE A ELAS."

– AUTORIA DESCONHECIDA

Irmãos

Você tem irmãos? Se sim, quantos?

Eles são mais velhos ou mais novos que você?

Você acha que as coisas foram mais fáceis ou mais difíceis para você quando pequena, por causa dessa ordem de nascimento? Por quê?

Cite os nomes dos seus irmãos, na ordem em que nasceram, incluindo você.

De qual dos seus irmãos você era mais próxima quando pequena?

E de quem você é mais próxima depois de adulta?

Você tinha algum deles como exemplo enquanto crescia?

Escreva sobre um momento em que fez algo para impressionar esse irmão ou essa irmã que você admirava ou para ser como ele ou ela.

Cite algo que você admira em cada um dos seus irmãos.

Vocês dividiam o quarto?

Se dividiam, descreva a experiência em três palavras, expressões ou frases.

Qual é a melhor parte de ter irmãos?

Escreva sobre uma lembrança querida da sua infância que mostre seu vínculo com seus irmãos.

"QUANDO SE
É MÃE, SEU
CORAÇÃO NÃO
É MAIS SEU; ELE
SEGUE PARA ONDE
QUER QUE SEUS
FILHOS VÃO."

– GEORGE BERNARD SHAW

Tornar-se e ser mãe

Quantos anos você tinha quando se tornou mãe pela primeira vez?

Pense no momento em que descobriu que estava grávida do seu primeiro filho. Você se lembra de como reagiu ou do que disse?

Quais foram seus primeiros pensamentos, sentimentos e emoções?

Qual foi a primeira pessoa para quem você contou?

Como ela reagiu?

Escreva sobre a primeira vez que você viu o bebê no ultrassom ou ouviu seu coração bater. Inclua reações e emoções.

Descreva a primeira vez que você sentiu o bebê se mexer ou chutar.

Quais foram alguns dos seus desejos por comida mais memoráveis durante suas gestações?

Escreva sobre um momento especialmente emocionante, surpreendente ou engraçado de cada gravidez sua.

Qual era a melhor coisa sobre estar grávida?

Como foi o processo da escolha do nome dos seus filhos?

Houve discordâncias ou negociação a respeito dessas escolhas?

Qual é a inspiração por trás dos nomes dos seus filhos?

Qual foi a maior surpresa sobre ser mãe que você descobriu depois de seu primeiro filho nascer?

Qual era o peso e a altura de cada bebê seu ao nascer?

Com quanto tempo eles começaram a andar?

Quais foram as primeiras palavras ditas por eles?

Há alguma música especial que você colocava para tocar ou que cantava para seus filhos quando pequenos?

Quais eram seus truques para ajudar seus filhos a relaxar ou pegar no sono?

Você se lembra de ler algum livro específico para eles?

Como a maternidade impactou sua vida profissional?

O que há de mais especial em ser mãe?

Com base em tudo o que você aprendeu e vivenciou na maternidade, que conselho gostaria de dar a si mesma quando era uma mãe de primeira viagem?

"O estoque de abraços e guloseimas da vovó é infinito."

— AUTORIA DESCONHECIDA

Escreva algo inesperado que aprendeu sobre si mesma depois de ter se tornado mãe.

Quando você pensa sobre sua vida antes e depois de ter filhos, quais são as mudanças mais significativas que você percebeu sobre se tornar mãe?

Como ter se tornado mãe e criado seus filhos moldou ou transformou sua perspectiva e compreensão da sua própria criação e da dos seus pais?

“SER AVÓ É ADMIRAR O BRILHO NOS OLHOS DOS NETOS COMO O MAIS PRECIOSO DOS DIAMANTES.”

– AUTORIA DESCONHECIDA

Vamos falar dos netos

Quantos anos você tinha quando se tornou avó?

Quantos netos você tem?

Qual o nome dos seus netos e quando eles nasceram?

Como você descobriu que ia ser avó? Qual foi sua reação?

Você se lembra da primeira vez que pegou seu neto no colo? Descreva esse momento.

O que mais te surpreendeu sobre ser avó?

O que há de mais especial em ser avó?

Em que ser avó é diferente de ser mãe?

Que traços ou características dos seus avós você procurou incorporar ou repetir com seus netos?

O que você aprendeu sobre seus filhos quando eles se tornaram pais?

Que tradições familiares você gostaria que fossem transmitidas aos seus netos?

Que história você contaria para seus netos para que eles soubessem mais sobre você e sobre como era a vida na sua infância?

Que tipo de conselho ou orientação você daria aos seus netos para que eles tivessem uma vida mais plena?

Como você acha que seus netos podem te ensinar a levar uma vida mais plena?

"AVÓS ESPALHAM PÓ MÁGICO SOBRE A VIDA DAS CRIANÇAS PEQUENAS."

– ALEX HALEY

Amor e romance

Você acredita em amor à primeira vista?

Você acredita em alma gêmea?

Quantos anos você tinha quando deu seu primeiro beijo?

Você lembra com quem foi e onde estavam?

Quantos anos você tinha quando começou seu primeiro namoro?

Com quem foi?

Por quais celebridades você tinha uma quedinha quando era mais nova?

Nessa época você tinha um tipo específico que te atraía? Descreva-o.

Como você conheceu o vovô?

Qual foi sua primeira impressão dele?

Quem pediu quem em namoro?

Onde vocês estavam e como foi? Conte como o pedido foi feito e a resposta do outro.

O que vocês fizeram da primeira vez que saíram juntos?

O que você ficou achando do vovô depois desse dia?

Você se lembra de quando pensou que ele podia ser o homem da sua vida? O que o vovô tinha ou o que ele fez para que você se sentisse assim?

Por quanto tempo vocês namoraram antes de ficarem noivos?

Conte a história de como foi o pedido de casamento de vocês.

Qual foi a primeira pessoa para quem você contou que estava noiva?

Descreva a reação dela.

Quanto tempo levou para vocês se casarem?

Como foi planejar o casamento? Quem ficou com a maior parte do trabalho? Quais foram os principais desafios?

Algum de vocês fez despedida de solteiro? Se houve, onde foi?

Você teve chá de panela?

Onde a cerimônia de casamento foi realizada?

E a festa?

Quantas pessoas vocês convidaram?

Quantas compareceram?

Quem foram os padrinhos do seu lado?

Quem foram os padrinhos do lado do vovô?

Como foi a cerimônia no civil? Quem compareceu e quais foram as testemunhas dos noivos?

Como foi a festa de casamento? Quem foi? Você tem alguma história do dia para contar?

Que momento do dia do seu casamento ficou mais vivo na sua memória?

Vocês viajaram em lua de mel? Para onde?

Se você pudesse voltar e dar um conselho a si mesma na manhã antes do seu casamento, qual seria?

Escreva aqui sobre outras lembranças do seu casamento ou sobre outros casamentos que você possa ter tido.

"A VIDA SÓ PODE SER COMPREENDIDA OLHANDO PARA TRÁS, MAS DEVE SER VIVIDA OLHANDO PARA A FRENTE."

– SØREN KIERKEGAARD

Preferências, pensamentos e conselhos

Se você fosse escrever sua autobiografia, que título escolheria para representar sua história de vida?

Você tem uma citação ou oração preferida?

Que superpoder você gostaria de ter?

Qual é seu maior medo?

Se você pudesse morar em qualquer lugar do mundo por um ano, com todas as despesas pagas, onde seria?

Que viagem mudou sua opinião ou sua perspectiva sobre uma parte do país ou do mundo?

Cite uma lembrança especial de uma refeição que teve durante uma viagem.

Cite uma lembrança querida de viagem.

Liste os dez lugares que você mais gostou de visitar.

1. ______________________________

____

2. ______________________________

____

3. ______________________________

____

4. ______________________________

____

5. ______________________________

____

6. ______________________________

____

7. ______________________________

____

8. ______________________________

____

9. ______________________________

____

10. ______________________________

____

Liste os dez lugares que você mais gostaria de visitar se tempo e dinheiro não fossem uma preocupação.

1. ____________________
2. ____________________
3. ____________________
4. ____________________
5. ____________________
6. ____________________
7. ____________________
8. ____________________
9. ____________________
10. ____________________

Que música você escolheria para ser tema da sua vida?

Na sua opinião, as melhores músicas são de que época?

Há alguma música que faz com que você se lembre de um evento ou um momento especial da sua adolescência? Escreva a respeito.

Seu gosto musical mudou ao longo dos anos?

Qual é o primeiro álbum (disco, fita, CD ou o que for) que você se lembra de ter comprado ou ganhado?

Qual foi seu primeiro show? Quando e onde foi? O que você lembra a respeito?

Quais são as dez músicas que estariam em uma playlist com suas músicas favoritas de todos os tempos?

1. ____________________
2. ____________________
3. ____________________
4. ____________________
5. ____________________
6. ____________________
7. ____________________
8. ____________________
9. ____________________
10. ____________________

Quais filmes da sua infância e adolescência você ainda gosta de ver?

Se fizessem um filme sobre sua vida, como ele se chamaria?

Seria um filme de que gênero (comédia romântica, suspense, ficção científica, drama etc.)?

Qual atriz faria seu papel?

Quais atores fariam os papéis da sua família?

A quais filmes e programas de TV você sempre assiste no fim de ano?

Se você tivesse que listar seus dez filmes favoritos e imperdíveis de todos os tempos, quais lhe viriam à mente?

1. ______________________________
2. ______________________________
3. ______________________________
4. ______________________________
5. ______________________________
6. ______________________________
7. ______________________________
8. ______________________________
9. ______________________________
10. ______________________________

Que programa de TV de antigamente você gostaria que ainda estivesse passando?

Quantos livros você diria que lê por ano? Quantos leu na vida, em média?

Quando lê, quais gêneros de livro você prefere?

Cite alguns dos seus autores preferidos.

Que livros impactaram a maneira como você pensa, trabalha ou vive a vida?

Cite uma lembrança favorita sua dos últimos doze meses.

O que na sua vida te trouxe a maior alegria e satisfação?

Cite algumas conquistas pessoais das quais você mais se orgulha.

O que tem maior impacto na nossa vida: o destino ou o livre-arbítrio?

Na sua opinião, qual é o propósito da nossa vida?

Como você definia o sucesso para si mesma quando era mais nova?

Como você define o sucesso para si mesma agora?

Que papel a religião desempenhou na sua família durante sua infância e adolescência?

Sua família respeitava celebrações, tradições ou rituais religiosos específicos?

“Um jardim de amor cresce no coração das avós.”

— AUTORIA DESCONHECIDA

Como suas crenças espirituais foram mudando ao longo da sua vida?

Que práticas religiosas ou espirituais fazem parte da sua vida hoje em dia?

Quais são as pessoas por quem você se sente especialmente grata pelo papel que desempenharam na sua vida? Descreva como cada uma delas impactou você.

Ao olhar para sua história de vida, quais eventos e experiências mais moldaram a pessoa que você é hoje?

Quando você pensa nos altos e baixos da vida, que momento se destaca como particularmente desafiador em termos espirituais ou emocionais?

O que você faz em momentos desafiadores, quando precisa encontrar força interior e coragem?

Que conselho você daria a alguém na faixa dos vinte ou trinta anos para viver a melhor vida possível?

Que lições sobre a vida você acha que poderia aprender com alguém na faixa dos vinte ou trinta anos?

Utilize as páginas a seguir para desenvolver algumas das suas respostas, compartilhar lembranças e/ou escrever recados para as pessoas que ama.

Sobre nós

A HEAR YOUR STORY® se dedica a apreender e valorizar momentos da vida que não têm preço. Acreditamos profundamente que dentro de cada pessoa há um verdadeiro tesouro em forma de lembranças e histórias que precisam ser contadas, apreciadas e transmitidas de geração em geração.

Nossa jornada começou com o sofrimento profundamente pessoal do nosso fundador, que testemunhou como o Alzheimer foi roubando a criatividade, a curiosidade e as lembranças do seu pai. Dessa dor, emergiu uma constatação: a importância de preservar algo tão precioso quanto uma história de vida.

Oferecemos mais do que um diário bonito. Oferecemos uma ponte para o passado, guiando você ou alguém que você ama por meio de memórias queridas. Oferecemos o presente da reflexão, da conexão e do legado.

Imagine você e sua família sentados juntos, enquanto um diário é compartilhado. Todos sorrindo e conversando, enquanto os relacionamentos se aprofundam. Em uma época em que tudo passa rápido, oferecemos algo tangível e duradouro: o registro das aventuras de uma vida.

Junte-se a nós na celebração de cada história. Na Hear Your Story, ajudamos você a transformar recordações em heranças de família.

O selo Fontanar foi licenciado para a Editora Schwarcz S.A.

Grafia atualizada segundo o Acordo Ortográfico da Língua Portuguesa de 1990, que entrou em vigor no Brasil em 2009.

TÍTULO ORIGINAL Grandmother, I Want to Hear Your Story

CAPA E MIOLO Chelsea Jewell e Sourcebooks

IMAGENS DE CAPA Derbaba/ Adobe Stock e B.illustrations/ Shutterstock

IMAGENS DE MIOLO © Anya D/ Getty Images, cla78/ Shutterstock, makar/ Shutterstock, Tanarch/ Shutterstock, TWINS DESIGN STUDIO/ Shutterstock

PREPARAÇÃO Silvia Massimini Felix

REVISÃO Marina Nogueira e Fernanda França

Dados Internacionais de Catalogação na Publicação (CIP)
(Câmara Brasileira do Livro, SP, Brasil)

Mason, Jeffrey
Vó, quero ouvir sobre sua vida / Jeffrey Mason ; tradução Lígia Azevedo. — 1ª ed. — São Paulo : Fontanar, 2025.

Título original : Grandmother, I Want to Hear Your Story.
ISBN 978-65-84954-80-9

1. Diários 2. Relações familiares I. Título.

25-289380 CDD-646.78

Índice para catálogo sistemático:
1. Diários : Relações familiares : Vida familiar 646.78

Cibele Maria Dias – Bibliotecária – CRB-8/9427

EDITORA SCHWARCZ S.A.
Rua Bandeira Paulista, 702, cj. 32
04532-002 — São Paulo — SP
Telefone: (11) 3707-3500
facebook.com/Fontanar.br
instagram.com/editorafontanar

TIPOGRAFIA Futura PT, Beloved Sans, Beloved Script e Abril Fatface
DIAGRAMAÇÃO Osmane Garcia Filho
PAPEL Pólen Bold, Suzano S.A.
IMPRESSÃO Gráfica Bartira, outubro de 2025

FSC
www.fsc.org
MISTO
Papel | Apoiando o manejo florestal responsável
FSC® C105484

A marca FSC® é a garantia de que a madeira utilizada na fabricação do papel deste livro provém de florestas que foram gerenciadas de maneira ambientalmente correta, socialmente justa e economicamente viável, além de outras fontes de origem controlada.